POMPE FUNÈBRE

FÊTE COMMÉMORATIVE

Des membres de la Resp∴ L∴ l'Amitié,

Décédés depuis l'année Mac∴ 5863,

Célébrée le 30ᵐᵉ j∴ du 10ᵐᵉ M∴ Thebes, de l'an de la V∴ L∴ 5868,

6 DÉDEMBRE 1868 (E∴ V∴)

À L∴ G∴ D∴ G∴ ARCH∴ D∴ L'U∴

ORAISON FUNÈBRE

du F∴ L.-M.-B. MAMELIN, R∴ C∴, 18ᵐᵉ deg∴

Mes Frères,

Aux récits des qualités qui distinguèrent les existences disparues de cette vallée de misères et dont vous venez d'entendre faire les justes éloges, aurait dû s'arrêter, pour longtemps du moins, la liste déjà bien étendue des ouvriers qui, depuis notre dernière fête funèbre, furent appelés à comparaître devant le redoutable tribunal du Maît∴ infini qui seul juge et paye à chacun selon ses œuvres. Pourquoi faut-il qu'aux noms de ces FF∴ qui, pénétrés de l'amour de l'humanité et du progrès, nous aidèrent si souvent à mener à bien des travaux que, sans eux, nous n'eussions pu qu'imparfaitement conduire, tant étaient grand le dévouement des uns et précieuses les lumières des autres ? Pourquoi faut-il, dis-je, qu'aux noms de ces FF∴ dont le départ nous afflige nous ayons encore à ajouter celui d'un autre ouvrier passé maître depuis longtemps dans l'art d'élever des temples à la vertu ?

Pourquoi? ah! parce qu'ainsi l'a voulu Celui autour de qui rois, peuples, nations, mondes et l'insondable immensité, n'ont cessé de converger depuis l'aurore de la création, et convergeront dans le même ordre jusqu'au crépuscule de la nuit éternelle. Et parce que tel en sa sagesse l'a décrété ce juge suprême dont les arrêts furent en tous les temps et resteront sans appel.

Que faire, en présence d'une volonté aussi absolue, sinon nous incliner devant les lois de son inflexible justice en nous efforçant de puiser, dans l'ardeur d'une profonde et sainte conviction, les éléments nécessaires, pour rallumer, aux foyers des cœurs refroidis par l'absence, l'étoile, disparue ou seulement voilée, de l'homme qui fut et ne cessa d'être essentiellement bon, de cet époux dont la vie toute patriarcale, et par cela entièrement étrangère aux fastes des grandeurs, ne l'empêcha cependant pas de laisser, sur le long chemin qu'il parcourut, les traces de ses belles actions ; trace s que ceux qui l'ont bien connu se plaisent à signaler aux voyageurs désireux de hanter ses voies pour y régler leur conduite ; du citoyen enfin, aussi modeste en ses prétentions qu'il était honorable et digne de l'affection que chacun se plaisait à lui porter, et dont le départ, trop précipité, fit au cœur de ses amis comme au sein de sa famille une large et profonde blessure ; tant lui aussi sut comprendre ses devoirs d'homme, et se plut à les remplir avec cette rigidité dont les âmes fortes savent seules donner l'exemple, dans les luttes si fréquentes qu'elles ont à soutenir contre elles-mêmes.

C'est de ce modèle qu'il m'est donné de vous entretenir dans ce touchant et solennel instant.

Chargé par cette respectable assemblée de prononcer l'oraison funèbre du bien regretté F∴ *Mamelin*, sous-entendu dans les paroles qui précèdent, combien ne devrais-je pas craindre, en acceptant la responsabilité d'une aussi importante mission, de ne pouvoir, malgré les fleurs que le sujet m'offrait à cueillir, donner au tracé de ce panégyrique que les teintes douteuses d'un bouquet décoloré.

Mais, toute fondée qu'était cette crainte, au souvenir de l'étroite amitié qui m'avait attaché à cet homme de bien, je sentis bientôt se dissiper en moi cette naturelle appréhension, et, vous le dirai-je, mes FF∴ ? A la pensée d'avoir à buriner quelques particularités de cette vie si bien remplie, vie qui eut ses joies, mais qui eut aussi ses douleurs, je me trouvai presque heureux; et cela, non-seulement parce qu'étant appelé, bien que publiquement, à faire ici son éloge, je savais rencontrer en vous tous, qui m'écoutez avec tant de bienveillance, cette unanimité de vues et de sentiments qui soutiennent et encouragent dans les moments difficiles; mais encore, et surtout, parce que j'allais trouver, dans l'exécution de ce travail, l'occasion d'accomplir un devoir commandé qu'il était, par les qualités rares et précieuses que *Mamelin*, d'heureuse mémoire, sut manifester en tout et partout; car, disons le bien vite, jamais sentiment d'affection ne trouva plus qu'en lui une retraite sûre et bien abritée contre l'inconstance du cœur humain, dont la frivolité du monde prof∴ ne donne, hélas! que de trop fréquents exemples. Aussi, avec une entière confiance, allons-nous entreprendre devant vous, d'adresser à sa mémoire un pieux et sincère témoignage de nos regrets, regrets que lui méritèrent ses vertus et la communauté de sentiments fraternels qui l'unissaient à nous.

Louis-Marie-Barthélemy Mamelin naquit en cet Or∴ le 21 février 1806, de parents honnêtes et laborieux, mais qui ne purent, ainsi que la plupart des artisans de leur époque, répondre comme ils l'auraient voulu à la nécessité de faire donner à leur enfant l'instruction exigée de nos jours par les lois de la plus simple morale, et désirée même à tous les degrés de l'armée des travailleurs; retenus qu'ils étaient, d'abord, par le besoin de former des bras à la fatigue de leur industrie, ensuite par l'exemple du peu d'empressement, de l'indifférence même qu'apportaient bien des familles de leur condition à faire ouvrir à la jeunesse cette belle porte de l'avenir.

Et pourtant l'instruction, cette source d'une eau toujours vive aux bassins de laquelle l'esprit aime à se rafraîchir; cette chaleur vivifiante, où l'intelligence trouve à se développer sans efforts, cette sauvegarde de la liberté, ce principe à l'aide duquel s'affirme l'égalité, sœur cadette de la fraternité, n'était-elle pas comme aujourd'hui la nourrice de la raison, l'avant-garde des progrès sans cesse attendus, et du contact desquels un peuple se civilise ?

Enfin, l'instruction n'était-elle pas déjà l'instrument qui permet à l'homme, avec les yeux de la pensée, de pénétrer plus avant dans les secrets de la nature, pour en découvrir l'utile et le beau ? N'est-ce pas aussi aux reflets de cette lumière, que le voyageur attardé sur le grand chemin de la vie puise la force et l'énergie qui pourraient lui manquer pour en toucher les confins?

Oui, mes FF∴, mais le temps n'était pas encore venu, et l'instruction retenue captive derrière les hautes murailles de l'ignorance et de la peur attendait, pour être rendue à la liberté, le nouvel assaut que le progrès devait tenter au profit de sa délivrance.

Or, gardons-nous d'accuser cette honorable famille d'un fait que la routine et les difficultés du moment rendaient presque général, principalement au sein de toutes les corporations industrielles. Et alors que la guerre déchaînait ses tempêtes sur l'Europe, imposait à la France de pénibles sacrifices et n'offrait à ses enfants affligés que les débris alarmants d'un commerce aux abois ; il était plus nécessaire, reconnaissons-le, d'habituer de bonne heure ces enfants au travail manuel, dont le résultat permettait aux pères de famille, de pourvoir plus sûrement aux besoins du corps, que

que de négliger ce premier soin pour penser à l'ornementation de l'esprit.

Néanmoins, de cet état de choses découla une conséquence dont gémirent avec raison les cœurs soucieux de l'avenir qui se préparait pour la génération nouvelle : C'était, non de voir ces enfants essayer leurs jeunes bras aux fatigues de l'outil, non, car le travail honore l'ouvrier et en fait très-souvent l'éclaireur de quelque nouveau progrès ; mais c'était de voir ces chers enfants contraints à fermer le livre, précisément à l'âge où généralement ils l'ouvrent avec fruit, et de les sentir, en quelque sorte, perdre à jamais l'heureux avantage de meubler leur intelligence des trésors qu'il renferme.

Aussi, encore enfant, voyons-nous le jeune Mamelin accompagner son père dans ses travaux agricoles pour, sous sa tutelle, acquérir bientôt les connaissances pratiques et théoriques de cette profession, et trouver en elle, un jour, de quoi suffire à ses propres besoins. La douceur de son caractère, sa docilité à suivre les conseils de ce bon guide et l'aptitude qu'il apportait au travail firent qu'à quinze ans à peine il rendait déjà des services au foyer domestique. Ainsi travailla Mamelin, jusqu'à ce que, marié à la fille unique d'un de nos honorables concitoyens, il se vit appelé par ce dernier à prendre la suite de ses affaires dans sa maison de commerce.

Ici, une vie toute nouvelle s'ouvrait devant lui. Aux fatigues d'un travail manuel qui, chaque jour, l'exposait à subir les rigueurs, plus ou moins variées, de l'inconstance du temps, allait succéder une existence paisible, toute intérieure, et à laquelle l'intelligence seule serait appelée. Cependant, tout attrayant que fût pour lui l'aspect de cette position, comme il n'y était nullement préparé et sentait le vide que le manque d'étude avait laissé en lui, quelques soucis vinrent se mêler au plaisir caressé de prime abord. Mais s'armant de volonté et repoussant ces craintes, il travailla bientôt à acquérir les connaissances nécessaires, puis entra résolûment dans la voie où l'appelaient les intérêts de sa maison. Notre bon Mamelin eut la satisfaction de voir ses efforts couronnés de succès.

Mes FF∴, il ne sera pas déplacé d'ajouter ici que, à travers les occupations d'un commerce où l'esprit agissait plus que les bras, autant Mamelin avait montré de soumission et de bonté filiale envers ses parents, autant il se plut à déployer, auprès de sa jeune compagne, tout ce que l'amitié conjugale pouvait lui suggérer de délicates attentions, de tendresses et de soins. Aussi, de leur union, légère était la chaîne et heureuse la vie. Mais, quelle ne fut pas leur joie quand le ciel leur envoya un fils, un second eux-mêmes, réalisation de leur espérance, but vers lequel allaient tendre tous leurs efforts ; et dans l'entraînement de leur amour paternel, que de projets formés; de combien d'entretiens ce jeune être ne fût-il pas l'objet de leur part ; puis, que de douces craintes aussi, alors qu'un nuage, si léger qu'il fût, venait, pour un moment, cacher à leurs yeux le beau ciel bleu de l'avenir qu'ils rêvaient pour cet enfant ; ou que, délicatement penchée sur son berceau, cette jeune mère, dans sa profonde anxiété, paraissait vouloir ne respirer qu'à son souffle, tant ce sommeil lui semblait souvent trop prolongé. Et de même que le papillon caressant de ses ailes le calice d'une fleur nouvellement éclose, de même aussi la voyait-on couvrir de baisers le front de son fils, comme si cette pauvre mère, pressentant l'horrible moment où la vie devait s'éteindre en elle, son cœur lui eût dit : « Hâtes-toi de l'aimer, fais que bien vite il te connaisse, afin que le souvenir de tes caresses reste éternellement gravé dans son esprit et dans son cœur. »

Hélas ! pourquoi en devait-il être si tôt ainsi ? et pourquoi cette douce félicité de la vie à deux ne devait-elle, pour Mamelin, durer qu'un matin ?... Sa jeune compagne, atteinte, depuis quelque temps, d'une maladie contre les progrès de laquelle tous les efforts de l'art restèrent impuissants, lui fut arrachée par la mort.

Pauvre humanité ; que de déceptions attendent les membres de ta nombreuse famille, pendant le court espace de temps que prend le passage de chacun d'eux sur cette terre, étroit parvis où tous viennent faire leur noviciat pour entrer dans la céleste Patrie ! Que de larmes, et par combien de regrets sont rendus éphémères les instants de douces quiétudes qui les viennent visiter ! Pas un jour, pas une heure de laquelle ils soient sûrs de pouvoir disposer ; que de promesses faites ils ne purent remplir, empêchés qu'ils étaient et sont encore à toutes les heures du jour, par la vie qui leur fait défaut ! Et pourtant, mes FF∴, au milieu de ce champ, universellement couvert de leurs débris, débris que, pauvres et riches, forts et faibles, tyrans et esclaves, rois et sujets viennent alimenter du non-moi ! sous la forme duquel nous les pûmes connaître ; avec quelle coupable ignorance d'eux-mêmes n'en voyons-nous pas qui, au mépris de cette loi, commune pour tous, vont chercher dans l'abrutissement de la débauche, le moyen d'échapper aux rigueurs des épreuves attachées à leur condition d'êtres, comme si les bienfaits de la vie à venir ne devaient pas être proportionnés à l'étendue de leurs sacrifices dans la vie présente.

Ce fut pénétré de ces vérités et soutenu par sa foi en la justice du G∴ Arch∴ de l'U∴ que notre frère Mamelin put tenir tête à la rigueur du coup qui le venait frapper. Aussi, toute poignante pour lui qu'était cette séparation, n'oublia-t-il pas qu'un fils lui restait, et qu'en cet enfant, dont les traits lui rappelaient la mère, devait désormais se concentrer tout son amour.

Maintenant, mes FF∴, que je vous ai fait connaître Mamelin dans sa vie intime et dans ses rapports avec la

Société prof.·., j'ai à vous entretenir de lui comme Franc-Maç.·., et pour cela, je dois examiner les causes qui le conduisirent à venir frapper au porche de ce sanctuaire de la vertu et de la vérité.

Mes FF.·., malgré l'étonnante rapidité avec laquelle le temps fonde, achève et détruit toutes les choses, combien les hommes et les choses sont lents à se former. Une régularité minutieuse préside au développement de toutes les œuvres dont la nature tient le secret ; et, méconnaissant l'incessante progression des merveilles que, chaque jour, elle enfante sous nos yeux, restons-nous impatients ; l'accusons-nous même de lenteur, en manifestant le regret de ne pouvoir activer davantage encore la maturité des produits que, cependant, nous tenons de ses fécondes libéralités. Cette ardeur se renouvelle chaque jour, et les désirs de la veille se réveillent le lendemain plus ardents encore.

Ce besoin de toucher sans cesse aux points signalés par le caprice et l'ambition, que le temps peut, seul, nous permettre d'approcher ; cette soif toujours brûlante, jamais entièrement éteinte, de demander à échanger la condition de notre état présent contre celui de l'avenir que nous nous sommes tracés ; enfin, cet amour de la vie qui, sans que nous y pensions, nous fait appeler la mort ; est l'effet naturel de cette attestation : Que la *demeure* de notre âme, ce *non-moi* de l'humanité, subit exactement, ainsi que le reste de la création, toutes les influences du mouvement qui l'alimente, et s'annihilerait comme elle, si le *moi* qui l'habite et qui est tout l'homme, n'était là pour tempérer ces excès.

Telle était la situation morale dans laquelle se trouvait notre F.·. Mamelin ; privé de la compagne de sa vie, séparé de son fils auquel il faisait donner une solide instruction, se voyant seul, livré aux tortures de réflexions toujours pénibles. Cet état d'isolement fit que, guidé par un ami qui venait recueillir le secret de ses pensées les plus intimes, il ne tarda pas à nous donner le bonheur de le voir se présenter à l'init∴ Maç∴, et ce jour fut le 6me du 1er mois Adar, de l'an de la V∴ L∴ 5843.

Si sa récept∴ ne fut point signalée par la haute portée de ses réponses, au moins, les leçons morales qui accompagnèrent les questions qui lui furent adressées tombèrent-elles sur son cœur généreux en s'y infiltrant profondément, comme la rosée bienfaisante sur une terre altérée par de longs jours de sécheresse. Aussi, le 15me jour du 5me mois Ab suivant, pûmes-nous le voir admis en qualité de Comp∴, et le 14me j∴ du 11me M∴ Thébet, de la même année, décoré du titre de Maît∴

Mes FF∴, cette rapide progression, ce court espace de temps mis par Mamelin, pour arriver au sommet de la hiérarchie symbolique, quand elle n'a pas eu pour mobile la vanité puérile du port d'un cordon, et ce reproche ne pouvait lui être fait, doit s'expliquer comme ayant été la juste récompense du zèle que ce F∴ déploya dans l'étude de la Maç∴, pour pénétrer plus avant au foyer des connaissances que son esprit réfléchi le poussait à acquérir ; et en cela, l'homme estimable que nous rappelons à vos souvenirs avait beaucoup à faire ; il le savait, et ce travail ne le décourageait point. Aussi modeste en ses prétentions qu'il montrait de fermeté dans l'exécution des choses qu'il croyait utiles, il fixait des bornes à son ambition pour s'arrêter aussitôt qu'elles étaient atteintes. C'est ce qui fit que, peu versé dans l'art de dessiner des courbes, il s'appliqua exclusivement aux tracés des lignes droites et cette conduite lui valut de n'avoir jamais eu à rougir d'une seule de ses œuvres.

En pénétrant cet arcane du symbolisme, en soulevant un coin du voile mystérieux dont se couvre le langage Maç∴, il est aisé, mes FF∴, d'arriver à comprendre, dans ce qui précède, que le F∴ Mamelin, pendant tout le temps qu'il travailla à l'édification du Temple, dont l'âme, l'esprit et le

cœur des ouvriers forment triangulairement le sanctuaire
que le G∴ A∴ d∴ l'U∴ se plaît à habiter, ne cessa pas un
seul instant de se montrer digne du beau caractère dont la
Maît∴ l'avait revêtu. Aussi, son zèle, sa conduite et son
amour pour l'Ordre l'élevèrent-ils, au 1er équinox de Nissan
5849, au 18me deg∴ du rite ancien.

Mais, en ce parvis de l'init∴ philosophique, les événements
qui survinrent ne permirent pas à Mamelin de jouir longtemps de l'avantage d'exercer son aptitude aux travaux
myst∴ de ses devanciers, car, et pour des causes qu'il serait
inutile de rappeler ici, vingt lunes plus tard la L∴ et son
Ch∴ tombèrent en som∴ et ce regrettable état se prolongea
pendant dix fois douze lunes. Aussi, après ce temps de mort
léthargique, quand, pour la L∴ de l'Amitié, sonna l'heure
du réveil, le vit-on, saluant l'aurore de ce beau jour, payer
un des premiers de sa personne pour assurer, à celle à qui il
devait la lumière intellectuelle, l'existence d'une belle et
longue réactivité.

Hélas ! mes FF∴, combien d'architectes célèbres, après
avoir dressé et arrêté le plan d'un édifice, présidé aux dispo-
sitions préalables de sa fondation, et en avoir de leurs mains
scellé la première pierre, ne purent récréer leurs yeux au
spectacle de son couronnement. Notre bon F∴ Mamelin fut
de ce nombre. Il était, depuis longues années, affecté d'un
asthme aigu, contracté sous l'influence des perpétuelles varia-
tions de l'atmosphère auxquelles l'avaient exposé les néces-
sités de sa première profession. Le mal prenait chaque jour
des proportions tellement inquiétantes, que son fils et les
amis qui l'entouraient avaient quelque raison de s'en alar-
mer. Cet état n'échappait point à la perspicacité naturelle
dont le malade était doué ; aussi, ne s'illusionnait-il pas dans
les encouragements que lui apportaient ceux qui le venaient
visiter. Non, car Mamelin sentait que la vie ne tarderait
pas à le quitter, il le disait même, et voyait sa fin approcher

avec le calme que donne une conscience exempte de reproche. La veille du jour suprême où ce F∴ devait abandonner cette terre, pour se réveiller à la vie de l'éternité, pensant à cette L∴ qu'il aimait vraiment, il serrait encore, et par tr∴ f∴ bien accentuées, la main amie de l'homme honorable qui, depuis le commencement de sa maladie, n'avait cessé de lui prodiguer, comme médecin, les soins les plus minu_tieux, les plus assidus.

Enfin, le 4me j∴ du 1er mois Nissan 5867, Mamelin suc_comba! il s'en dormit du sommeil des justes! C'est vous dire, mes FF∴, que sa mort fut aussi douce que sa vie avait été exemplaire et son cœur compatissant aux maux qui af_pligent la grande famille de l'humanité. Gém∴ Gém∴ Gém∴

Mes FF∴, voilà l'homme, voilà le Maç∴ dont il nous a été donné de rappeler la vie, et de faire l'éloge en cette belle et imposante solennité. Si l'amour filial des enfants que notre F∴ a laissés pour perpétuer son Nom dans la vie terrestre, est encore sous l'impression douloureuse des premiers jours ; si le souvenir d'une sincère amitié rappelle aussi çà et là, au milieu de cercles d'amis, quelques traits saillants de cette belle et peu commune existence ; quels doivent être les senti_ments de ceux qui, pendant près de 5 lustres, ont vus Mame_lin, associé à leurs travaux et travaillant à leurs côtés? Quelle doit être leur pensée, alors qu'un devoir les appelant à se réunir, ils voyent la place si longtemps occupée par ce F∴ privée pour toujours de celui qui en faisait l'ornement? Doivent-ils entrer en communauté d'idée avec ceux qui font consister tout l'homme dans la grossière enveloppe à laquelle, ici-bas, est trop souvent rapporté le mérite des faits, dont une cause supérieure cachée en elle, est cependant la seule et véritable dispensatrice? Et doivent-ils déplorer avec eux les chutes partielles du règne de la matière alors que ces chutes dégagent, en s'accomplissant, la porte au seuil de laquelle se trouvent placés, pour l'homme glorifié, pour c·· *Moi* Divin, pour l'âme enfin, les degrés qui conduisent à l'Eternelle cité ?

Non ! ils doivent se tourner vers l'Ori∴, et, élevant leurs pensées au-dessus de tout ce qui est périssable, s'écrier :

O souverain Arch∴ des Mondes! il plut à ton infinie justice de choisir dans ce resp∴ At∴ le cœur le plus pur, l'âme la plus digne de tes préférences, *fiat voluntas tua.* Mais ô puis∴ Maît∴! daigne ne point abandonner à leur impuissance ceux qui restent chargés de continuer l'œuvre que ce F∴ dut laisser imparfaite.

Allumes en leur cœur l'amour du bien et du beau, dont le sien était animé. Fais briller en leur esprit les moyens de perfections qui leurs manquent encore pour recommander à l'intérêt de tous les peuples en général les principes de leur subl∴ inst∴, afin que bientôt unanimement appréciés et pratiqués par tous les hommes de bonne volonté, ton règne arrive sur la terre et triomphe au sein de l'humanité en cimentant, à toujours, la paix au milieu d'elle.

Et vous, mânes de notre regretté F∴ Mamelin, maintenant que dégagées des liens qui vous retenaient captives de la matière à laquelle nous sommes encore confondus ; maintenant que, véritablement libres et radieuses, vous planez dans les célestes régions de la voûte azurée ; prenez en pitié le misérable état qu'il nous est imposé de subir encore, pour mériter la délivrance promise à ceux qui, fiers de vos œuvres, veulent s'efforcer d'imiter vos vertus.

Soyez, auprès de l'Eternel, l'interprête des sentiments dont nous nous sentons animés pour marcher sur vos traces ; afin que, soutenus par sa grâce, s'affermissent entre nous le zèle, la concorde, et se multiplient à l'infini les anneaux de la chaîne, symbole de l'unité trinitaire, où résident : SAGESSE, FORCE, BEAUTÉ, et au contact desquelles vertus s'acquièrent l'Espérance et la Foi de vous retrouver un jour, pour partager avec vous les félicités éternelles. — AMEN.

Esp∴ Esp∴ Esp∴

Maintenant, mes FF∴, que nous avons la conscience de ce que doit être un Franc-Maç∴, et des efforts qu'il doit exercer sur lui-même pour maintenir son esprit et son cœur en l'état d'indépendance sans lequel le corps chercherait en vain la liberté, dont sa bouche chante et réclame si souvent le bienfait. Sachons nous élever à la hauteur du beau mandat que l'Or∴ nous a confié en nous init∴ à ses Myst∴. Travaillons à nous rendre de plus en plus dignes de cette honorable inst∴ et de nous-mêmes, en étudiant, soit dans le silence du cabinet, soit au sein de la famille, soit au milieu des affaires prof∴, partout enfin où se présente l'occasion favorable de placer un mot utile, de saisir une pensée heureuse pour en gratifier l'humanité, ou d'accomplir une action profitable à la cause sainte que nous avons promis de défendre et de servir.

Et pour cela, soyons le plus possible économes de conversations oiseuses et habituons-nous, en parlant, à peser la valeur de nos mots, afin de n'être point repris. N'oublions jamais que nous sommes Franc-Maç∴, et que, comme tels, nous devons régler notre conduite dans le monde Prof∴ aussi sévèrement que sous la voûte étoilée de ce Temp∴ et de manière à rendre impuissantes les armes que la calomnie aiguise contre nous.

A la honteuse cupidité, à l'hypocrite piété, à l'exclusif amour des honneurs et des biens, dont font profession ceux qui nous traitent en ennemis, en cherchant dans l'ombre les moyens de nous asservir ; répondons par des actes de bienfaisance, et par notre foi en la bonté divine du Maît∴ unique et de toute éternité à la gloire duquel sont consacrés tous nos ouvrages, ainsi que par un profond amour de l'humanité, sa plus belle œuvre. Telle est, mes FF∴, et ne doit cesser d'être, de la base au sommet, le brillant édifice que tous avons reçu la mission d'élever.

C'est en opposant constamment la vérité au mensonge, la lumière aux ténèbres, le bien pour tous à l'amour égoïste de soi, la paix et le pardon aux farouches anathèmes si contraires à la lettre et à l'esprit du livre de la loi ; livre que de misérables passions interprètent si diversement, selon le temps et les besoins qu'elles réclament. C'est en travaillant ainsi, le glai∴ symb∴ de l'honneur d'une main, et la truelle symb∴ de l'oubl∴ de l'autre, que s'achèvera le myst∴ trav∴ confié à l'épreuve de notre persévérance dans le bien ; et qu'un jour, nous pourrons espérer nous être rendus dignes, et des ouvriers que nous regretterons longtemps, et du Maître infini au sein duquel nous caressons l'assurance qu'ils reposent maintenant.

Voulons-le, mes FF∴, et bientôt, si nous savons attendre, verrons-nous ceux qui, par ignorance et par calcul, émoussent vainement leurs armes au sapement des fondements de nos remparts, courir au devant de nos vœux et nous offrir la paix.

Frères initiés, soyons tous debout pour cette grande et belle fête de la confédération de l'humanité ; tenons-nous prêts, et pour les recevoir, que toujours verts soient nos rameaux d'Olivier ! Encore une fois, ensemble disons :

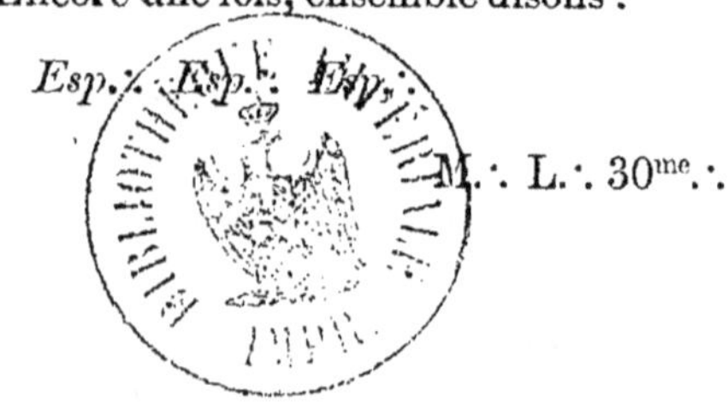

Esp∴ Esp∴ Esp∴

M∴ L∴ 30ᵐᵉ∴

Boulogne-sur-Mer. — Typographie Henri Gérard, 7, rue de la Coupe.